La granja de mi familia

Diane E. Stango

Traducción al español: José María Obregón

Rosen REAL READERS en español

Rosen Classroom Books & Materials
New York

Vivimos en una granja.

En la granja hay manzanas.

En la granja hay calabazas.

En la granja hay vacas.

En la granja hay gallinas.

En la granja hay un tractor.

Palabras que debes saber

(las) calabazas

(las) gallinas

(las) manzanas

(el) tractor

(la) vaca